因为你是一个很棒的女孩

韩梅梅/编著

中国友谊出版公司

前言

这是一本写给女孩的，关于勇气、智慧与成长的书。这本书以六位不同领域的传奇女性故事为主线，通过温暖、感人的故事和图画，讲述她们非凡的人生经验和成长历程，传递给女孩们六种成长品质：

奥黛丽·赫本的善良人性，她一生谦虚低调，待人亲切友善，为弱者奔走发声；

珍·古道尔追求梦想的执着和勇气，明确一生所要追求的事业，坚定地拥抱毕生使命；

简·奥斯汀的独立人生观，在女性除了婚姻出路甚少的年代，她坚持写作，凭借出众的才华立于人世间；

弗里达·卡罗的坚韧不拔，她永远不向命运屈服，用残破的身体勾勒出惊艳全世界的画作；

海伦·凯勒的自强不息，她虽然看不见、听不到，但她的心里装着广阔的天地，让全世界都听到了自己的声音；

香奈儿的优雅，她倡导女性行动自由，她使越来越多的人相信：流行稍纵即逝，但优雅永不过时。

这些都是女孩们在成长过程中必须学习和珍视的品质。

阅读这六位传奇女性的故事能帮助女孩们在成长中打破性别偏见、探索更多人生可能性、拥有更高的格局和世界观，更好地认识自己和周围世界，获得挖掘自我潜力的动力。此外，每个故事都蕴含着深刻的人生经验和智慧，引导女孩们思考人生的意义和价值，鼓励女孩们成为更优秀的人。

希望每一个翻开这本书的女孩都能从中找到自我的榜样，找到力量，找到那份源自内心、无可抵挡的勇气与智慧。让书中的女性为每一个女孩照亮成长的道路，让她们在成长的过程中，学会坚韧、勇敢、自信、自强、独立和优雅。我们希望通过这些传奇女性的故事，告诉每一个女孩：你很棒，你有力量，你有无限的潜能等待去发掘！

目录

01 善良　温暖人间的天使
　　　　奥黛丽·赫本

27 追梦　与黑猩猩共舞的追梦者
　　　　珍·古道尔

55 独立　用独立渲染生命的底色
　　　　简·奥斯汀

83 坚韧　在苦难中绽放坚韧的生命之花
　　　　弗里达·卡罗

113 自强　用自强的翅膀穿越无声的黑暗
　　　　海伦·凯勒

139 优雅　一生优雅的时尚女王
　　　　嘉柏丽尔·香奈儿

善良

温暖人间的天使
奥黛丽·赫本

1929 年的春天,奥黛丽·赫本降生于布鲁塞尔。天使吻了吻她的脸,从此世间便多了一位超凡脱俗的女性。

优雅、美丽、高贵、善良……再多的词汇也无法描绘她的美好。

很多人把赫本称为"天使",这不仅因为她长着一张漂亮的脸,还因为她有着一颗善良的心。

赫本的童年生活并不幸福,父母性格不合,常常吵架。在她6岁的时候,父亲收拾好衣物,不告而别。从此,赫本便与母亲相依为命。

母亲艾拉是荷兰王室后裔,非常注重日常礼仪。

她要求赫本随时随地保持优雅的举止,因为这体现着修养和友善。

当时的欧洲笼罩在二战的阴影中，母女二人的生活非常艰苦。购买不到食物的时候，母女俩只能用郁金香球茎来充饥，或者通过读书和喝冷水来忘记饥饿。

虽然生活很艰苦，但母亲依旧希望赫本能受到良好的教育。小时候，赫本的梦想是成为一名舞蹈演员。于是，母亲凑足了钱，将赫本送进了芭蕾学校。

芭蕾舞训练非常辛苦，但赫本始终热爱足尖艺术。她是学校里最吃苦耐劳的学生，芭蕾给了赫本快乐和希望。她每天穿着漂亮的小裙子，在老师的指导下跳跃、踢腿，在练功房内一圈一圈地旋转，就像是一只漂亮的小天鹅。

但还没等这只小天鹅长大,她的家乡就发生了战争。

为了给抗击纳粹的游击队员募捐,赫本曾在地下室偷偷演出。她也曾用芭蕾舞演员的身份做掩护,给游击队员们传递信息。

饥饿和战争,让一个柔弱的小女孩变得坚强、勇敢,充满爱心和奉献。

因为战争,学校关闭了。不能上学的赫本只能在家里练习舞蹈。

人们的食物也越来越少,赫本每天都要饿肚子。

长时间的营养不良,让赫本原本就瘦小的身体更加羸弱了,水灵灵的眼睛变得暗淡无光,褐色的头发也失去了光泽。

即使这样,她依旧坚持练功。

多年的舞蹈训练，铸就了赫本独特的高雅气质。她善良、自律、追求完美的品格，也使得她在日后闪闪发光。

但长时间的营养不良影响了她的身体发育，她再也不能登上舞台跳舞。十年的芭蕾梦破碎了，赫本伤心欲绝。

可是，生活总得继续下去。离开了芭蕾舞台，赫本开始拍摄广告、参加演出。

为了分担家庭的经济压力，她有时候也会去兼职模特。赫本相信，生活终将回馈所有的努力和付出，未来依旧充满了无限可能！

偶然之下，她得到了一个出演电影的机会。

赫本参与了一部喜剧电影的拍摄，虽然只出镜了几分钟，但她的清新脱俗打动了导演，他认为赫本就像"一个会行走的梦"。

1951年9月的一个早晨，赫本接到了一个电话，邀请她去参加电影《罗马假日》的演员试镜。

　　她在导演面前很放松，完全展现了自己的纯真、自然和活泼。她甚至偷偷地伸了个懒腰，还俏皮地做了个鬼脸。

　　导演没有再看其他演员的试镜，这个精灵般的女孩就是他要找的女主角。

在电影《罗马假日》中，赫本第一次出演电影的女主角。她在影片中饰演年轻的欧洲某国公主安妮。

影片讲述了安妮公主逃脱宫廷的束缚，与美国平民记者在罗马一起出行游玩、享受自由的故事。

优秀的演员，成就了一部美好的电影。《罗马假日》获得了巨大的成功，成了电影史上的经典之作。赫本也凭借这部影片获得了奥斯卡最佳女主角的奖项，这让她一举成名。年轻的赫本成了好莱坞巨星。

成名之后,赫本继续拍摄了很多部电影。她对待工作始终认真、努力。

后来,赫本出演了《修女传》,饰演路加修女。她裹在简朴的修女服里,没有华丽的服饰,也没有艳丽的妆容。虽然台词不多,但赫本凭借出色的演技,成功塑造了一个从修道院走向现实世界的勇敢女性形象。

《罗马假日》让世界记住了赫本天使般的脸庞,《修女传》则让人们看到了赫本丰富的内心。

在拍摄《修女传》的时候，赫本患上了肾结石。

"生病了就要好好休息，电影的拍摄可以暂停一下！"亲友都劝赫本休息。

"没事的，大家为这部电影准备了很长时间，我不能耽误大家！"赫本坚持着把电影拍完了。

奥黛丽·赫本一生拍摄了20多部影片。她被人们称赞为世界上最美丽的女人，是高贵与优雅的代名词。她曾说："为了工作，我真的用尽全力了！"

赫本令人敬佩的，不仅是她做演员时的成就，还有她那颗善良的心。

赫本懂得爱的重要性，相信爱能创造奇迹。

在拍摄影片《翠谷香魂》时，赫本和一头名叫皮平（Pippin）的小鹿成了形影不离的伙伴。

赫本温柔地对待皮平，皮平则对赫本充满了依恋。一人一鹿，两个大自然的精灵相亲相爱地生活在一起，如童话般美好。

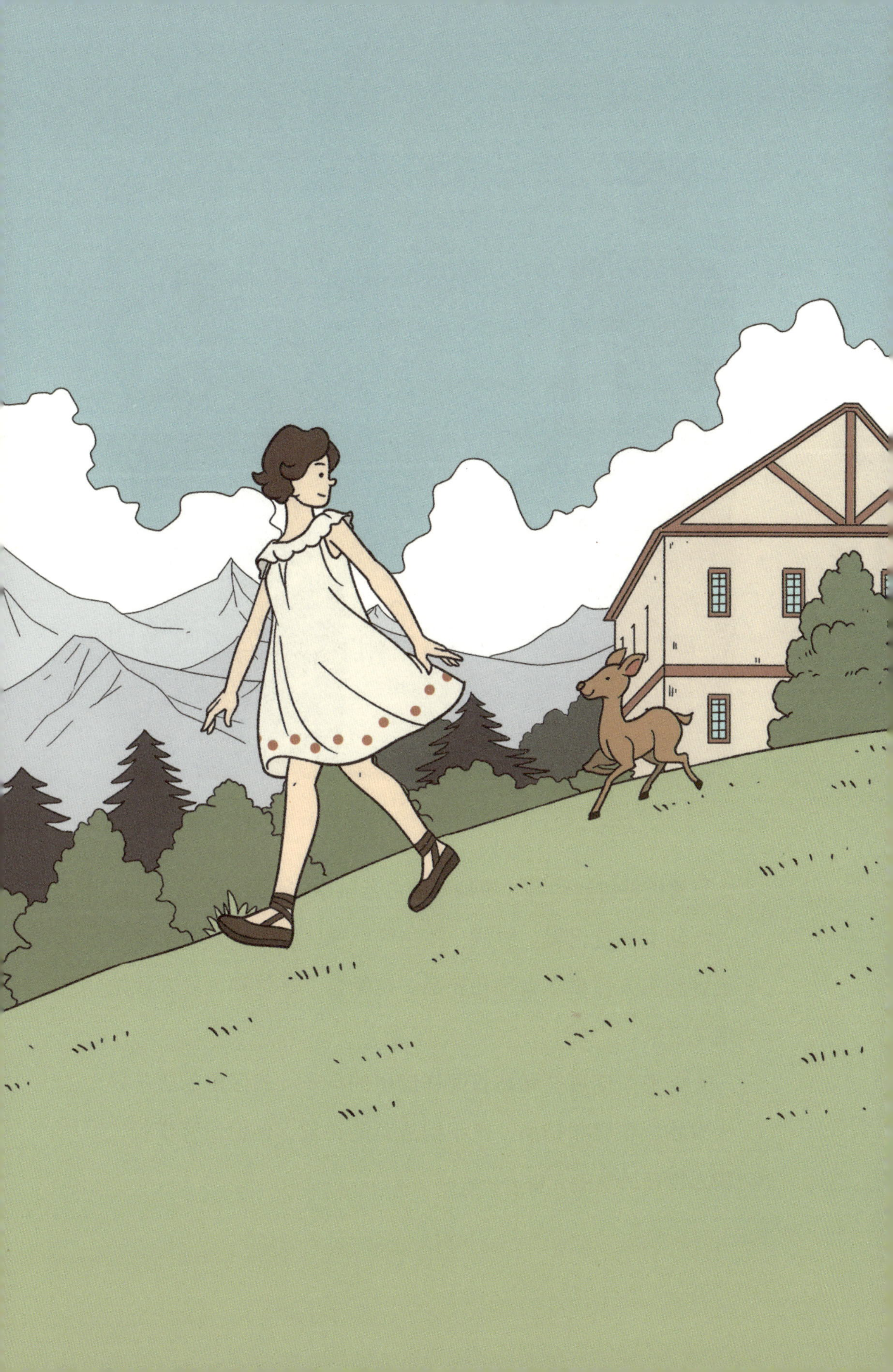

爱能够跨越物种，更能够治愈苦难中的心灵。

赫本一直记得小时候，战争刚结束，联合国儿童基金会给她和家人提供了食物和药品。她相信，是这种大爱才让她活了下来。

她很同情那些和她有同样经历的孩子。战区里的孩子缺少食物、衣服和药品，得不到应有的关爱；他们没有学校，家人也在战争中去世。

赫本想为那些困苦的孩子们做些什么。

她去了埃塞俄比亚、索马里、苏丹、萨尔瓦多、危地马拉、洪都拉斯、委内瑞拉等国家，为那些身处贫穷、饥饿和战争的不幸孩子们带去关心和爱。

1988年，她接受邀请，成为联合国儿童基金会爱心大使，跟随工作人员来到非洲。

她来到一个难民营,那里收留了 5000 名难民,其中一半是孩子。那些孩子长得特别瘦小,好多人已经几天没吃饭了。看到这些,赫本心疼极了。

　　"我一定要帮助这些孩子,即使我自己的力量有限,也要尽我所能!"赫本下定决心帮助非洲的孩子们。

　　回到美国后,赫本开始筹集捐款。她以自己的知名度和影响力,举办了一些音乐会和捐款活动,将筹集到的钱全部捐给了联合国儿童基金会。

"我是个母亲,所以我有责任这么做!"赫本把自己当作那些穷苦孩子的母亲。

不仅捐钱,她还亲自去一些贫困地区,用自己的双手安抚孩子们的伤痛。

走进难民营的时候,她被眼前的景象深深刺痛了心。孩子们骨瘦如柴,小小的胸脯可以看出根根肋骨,大大的脑袋在细细的脖颈上晃悠,好像一阵风就能把他们刮倒。赫本情不自禁地抱起一个孩子,轻柔地抚摸他干瘪的脸颊和失去神采的眼睛。

几年的时间里，赫本到了非洲很多地方。她就像一位善良的天使，带着神圣的使命来到人间。

息影后，赫本全身心投入慈善事业。

1992年，赫本得了癌症，亲人都劝她不要再去非洲了，但她还是坚持飞去了索马里，为那里的孩子们带去治病的药物。

有一次，在索马里，赫本为一群孩子发放食物。

她一身素衣，静静地站在人群中，散发出温暖慈爱的母性气息。

一个孤苦伶仃的小女孩向赫本跑去，紧紧地抱住她，把脸贴在她的身上。赫本也俯下身子紧紧拥住了小女孩。这一刻，在小女孩的眼中，赫本就是善良的天使，就是希望和温暖。

赫本去世以后，她的儿子创办了"奥黛丽·赫本儿童基金会"，专门帮助拉丁美洲和非洲的孩子们。

赫本一生谦虚低调，待人亲切友善，从内而外都散发着魅力与美。在成功之后，她依旧愿意为弱者奔走发声，就像天使一样，用善良温暖世界。

赫本说过："双唇之所以美丽，是因为说着友善的语言；双眸之所以动人，是因为善于看到他人的优点；优雅的姿态，来自与知识同行。"

奥黛丽·赫本的美和善，让我们相信，善良的天使真的来过人间。

追梦

与黑猩猩共舞的追梦者
珍·古道尔

珍·古道尔是一位令人尊敬的动物学家。为了追求梦想，她 23 岁踏入非洲原始森林，在野外生活了几十年，从一个普通的女孩，成长为一名黑猩猩研究专家。

古道尔1岁的时候，爸爸送给她一个黑猩猩玩偶，她亲切地称它为"朱比莉"。不管走到哪里，她都会带着它。

有一天，古道尔在花园里看到几条蚯蚓，她觉得非常可爱，就把蚯蚓带回房间，放在了床单上，希望这些蚯蚓能和自己住在一起。

妈妈走进房间，看到床上的蚯蚓，被吓了一跳。

古道尔有点儿担心妈妈责怪她。

但妈妈并没有批评古道尔，而是弯下腰，认真地对她说："珍，如果把蚯蚓放在这里，它们会死去的！"

"为什么呀？"古道尔惊讶地问。

"因为蚯蚓生活在泥土里。没有泥土，它们就无法生活。"妈妈摸着她的头说，"你希望这些蚯蚓死掉吗？"

小古道尔摇了摇头,将蚯蚓放回了花园。

后来,妈妈开始给古道尔讲一些关于动物的故事,古道尔对动物越发着迷了。

她非常喜欢和动物交朋友,还会给它们取好听的名字。虽然有些小动物长得很相似,但古道尔却能分辨出它们细微的差别,从不会叫错名字。

她很喜欢看关于动物的书籍，最喜欢读的是《人猿泰山》和《森林之王》。她把这些书看了一遍又一遍。通过阅读，古道尔了解到，非洲是世界上哺乳动物种类最多的地方。

一个梦想渐渐在古道尔的心中清晰了起来——她想踏上非洲的土地，去研究那里的动物。

在当时，人们总认为，女孩子应该做护士、打字员或是教师。去非洲研究动物是一件很危险的事。爸爸也劝诫她，非洲是个危险的地方，到处是原始丛林，经常有战争发生，一点儿都不安全。他并不希望古道尔离开家去非洲。

古道尔又把自己的梦想告诉了妈妈。

她以为妈妈同样会反对,但她没想到,妈妈竟然十分支持她的想法,鼓励她去追求梦想。

"珍,要听从自己内心的想法。你想要什么,就努力去争取,不要轻易放弃!"

"那么,我接下来该怎么做呢?"古道尔问妈妈。

"去野外研究动物,需要很好的身体。接下来,你应该锻炼出强壮的身体,然后再攒一笔去非洲的钱!"

怀揣着自己的梦想，古道尔开始不断努力。

放学了，她就去餐馆做服务生。每挣到一笔工资，她都会小心翼翼地把它们藏在地毯下面。

因为付不起学费，古道尔没有继续念大学。尽管如此，她依旧没有放弃梦想。她一边努力工作，一边大量阅读有关非洲的书籍。

23岁时,古道尔终于攒够了钱!

　　她买了一张去非洲的船票。年轻的女孩告别伦敦,正式登上了追逐梦想的航船。

　　非洲可真远哪!

　　船在大海上整整航行了21天。

踏上非洲的土地，古道尔第一次见到了无边无际的原始森林。这里的植物随意地生长着。树枝很粗壮，树冠茂密，就像巨大的伞。树与树紧紧挨着，密密麻麻地伸向远方。

森林中还生活着各种各样的动物，有些她从未见过。

古道尔被眼前的景象震惊了，这是一个神奇的世界。

在朋友的陪伴下，古道尔拜访了著名的生物学家路易斯·利基。利基博士录取了她，并邀请她参与野生黑猩猩的考察和研究。

她的梦想成真了！

听着利基博士的介绍，古道尔觉得，这才是她想坚持一生的事业。

古道尔在坦桑尼亚的冈比原始森林里安顿了下来。当时她的生活非常艰难。没有房屋，她和助手就搭了一个帐篷。她们在一条小溪边洗漱，一日三餐都吃罐头食物。与此同时，她们还要提防各种动物的侵袭。

但是，这些困难都没有磨灭古道尔对梦想的渴望。

每天太阳还没升起,古道尔就已出发去寻找黑猩猩的踪迹。黑猩猩具有很强的自我保护意识,不会主动靠近人类。

第一天,她连一只黑猩猩都没有看到。第二天,还是一无所获。第三天,她终于看到了两只黑猩猩,但当她想要靠近的时候,它们却慌慌张张地跑远了。

古道尔非常沮丧，写信跟妈妈抱怨。

妈妈在信里安慰她："人类对陌生人都有防备心理，更何况动物呢？你要有耐心，慢慢来！"

妈妈的安慰使古道尔渐渐平静下来。古道尔意识到：想要被动物接纳，需要极大的耐心。

为了能更近距离地观察黑猩猩，古道尔决定住到森林里去。当地人劝她不要那样做，因为曾有人在森林里被黑猩猩袭击。古道尔却一点儿也不害怕。

她住进了森林里，试着像黑猩猩一样生活。她开始吃黑猩猩常吃的果子，爬上黑猩猩爬过的树，像黑猩猩一样叫唤，跟着黑猩猩在丛林里穿梭。

有时候，她还会和大猩猩一样睡在树丛里，睡在星空下。

更多的时候，古道尔会一动不动地坐着，把望远镜举在眼前，静静地观察黑猩猩。

黑猩猩每天都能在森林里见到古道尔。慢慢地，它们不再害怕她了，彼此之间的距离也越来越近。

古道尔为她熟悉的每一只黑猩猩都起了名字——下巴上长了一圈白胡子的叫大卫，体格威武的首领叫歌利亚，耳朵缺一块的母黑猩猩叫菲洛……

　　当时的科学家认为，应该给被研究的动物编码，而不是为它们取名字。动物没有个性、没有情感，如果赋予它们名字，那就意味着它们和人一样。

　　但古道尔并不认同这种观点。她观察黑猩猩的时间越长，就越发觉得黑猩猩的日常行为和人类很相似。

慢慢地,黑猩猩对古道尔的存在感到习以为常。

有时，即使古道尔就坐在它们旁边，黑猩猩也懒得看她一眼，依旧自顾自地梳理毛发。

有一天，古道尔正拿着望远镜观察，突然，身边的树林里发出沙沙的响声，一只黑猩猩出现在古道尔的帐篷外。

它伸开手臂，在胸口上胡乱拍打，还不断发出吼叫。原来，它发现古道尔身边放着一根香蕉。

古道尔拿起香蕉，朝黑猩猩的方向扔过去。黑猩猩捡起香蕉，一溜烟跑开了。

第二天，那只黑猩猩又来了。它大胆地靠近，迅速抓起一根香蕉，转身坐了下来，津津有味地品尝着。

不久后，帐篷外再次传来嘈杂声，一个又一个黑乎乎的身影从树丛里探了出来，小心翼翼地向帐篷靠近。

原来是那只黑猩猩带来了它的朋友们！

它们从古道尔这里得到了香蕉和坚果。没有察觉到危险，这些黑猩猩便大胆地走进了帐篷，放肆地吃着香蕉。有的爬到帐篷顶上又滑了下来，就像在玩滑梯；有的还打开了人类的箱子……黑猩猩对人类的一切十分好奇。

古道尔的内心充满了喜悦，她终于赢得了黑猩猩的信任！

渐渐地，黑猩猩与古道尔成了好朋友。

人们长期以来都认为，只有人类才能制造工具。古道尔却发现，野外的黑猩猩会在石头上把很细的树枝打磨光滑，然后插进白蚁巢穴的洞口，把白蚁粘出来吃。这就是说，黑猩猩也能制造和使用简单的工具。

古道尔的这一发现震惊了世界。

这是人类学和动物行为学研究的重大进步。

接下来，她的发现越来越多。她揭秘了黑猩猩的世界——黑猩猩是食肉的，黑猩猩的感情世界非常丰富，黑猩猩也会握手，黑猩猩之间也会有战争，黑猩猩也会像人类一样教养幼崽、溺爱孩子……

古道尔圆满实现了幼时的梦想——去非洲研究动物。美国《时代》杂志称她为20世纪世界最杰出的野生动物学家。

古道尔与黑猩猩的感情越来越深。但在当时，人们大量捕杀动物，野生动物迅速减少，这让古道尔非常痛心。

为了更好地保护动物，给动物提供更好的生存环境，她成立了古道尔基金会，还创立了"根与芽"环境教育计划。她开始奔走于世界各地，呼吁人们更多地关心环境、关爱动物。后来，联合国为她颁发了马丁·路德·金反暴力奖。

对古道尔来说，去非洲是为了追求梦想，留在非洲却是为了无私奉献。古道尔一直坚持在丛林里工作生活。她的一生都与黑猩猩的研究有关，她是世界上最懂黑猩猩的人。

她在冈比原始森林里的简陋帐篷，后来发展成为一个研究中心。每年都有很多年轻人受古道尔的影响，参与到保护环境的工作中，跟随她观察、研究野生动物。如果谁有同样的梦想，打个电话申请，就有机会去珍·古道尔的机构工作，她始终鼓励每一个追求梦想的孩子。

独立

用独立渲染生命的底色
简·奥斯汀

简·奥斯汀和家人住在英国的一个小乡村。这是一个热闹的大家庭,每当夜幕降临,奥斯汀家的8个小孩就一起坐在餐桌边用餐。虽然生活并不富裕,但一家人其乐融融。

简的父亲是一位乡村牧师,学识渊博;母亲善于持家。

简是个开朗的孩子,她对生活充满热情。

吃完晚饭，她和家人会把桌椅搬开，开始跳舞。简是跳得最欢快的一个，她舞步轻快，神情愉悦。

　　那个时代，女孩子们只被允许学习家务之类的事情，艺术和科学根本不在她们的学习范围内。大人们总是说，女孩子不需要独立，只要嫁得好就行了。

简的父亲开办了一所学校，为那些富人家的男孩上课。

一天，父亲邀请简和简的姐姐卡桑德拉一起参与到课堂之中，并教她们和男孩一样的课程。

简非常高兴，因为她终于有机会像男孩子们那样读书了，她渴望独立。

奥斯汀家的8个孩子渐渐长大成人，6个男孩2个女孩总是聚在一起读书、绘画、弹琴、跳舞，家里总是洋溢着欢声笑语。

简活泼开朗，脑子里时常蹦出各种各样好玩的点子。她常常跟着哥哥姐姐们排演戏剧，朗诵诗歌、散文。

有时，简也会很安静。

她热爱阅读，经常躲进书房，读父亲收藏的书，往往一坐就是一整天。这间书房就是她的教室。

历史、诗歌、传记、小说……简如饥似渴，一本接着一本读，有时还会在书的边边角角写下她的观点和评论。

在那里，她读完了很多文学著作，慢慢地，简也试着独立编写故事。

她经常拿着自己编写的小故事，绘声绘色地讲给家人们听。渐渐地，这成了他们一家人晚餐后最期待的一件事。

冬天的晚上，哥哥姐姐们喜欢围坐在火炉边，听简给他们讲新编的故事，直到要睡觉了，才恋恋不舍地爬上床休息。

看到家人这么喜欢她的故事，简决定把自己构思的情节都认真记录下来。

15岁的时候，简写了一本名叫《爱情与友谊》的小说，讲述了一个诙谐荒唐的故事，她和姐姐卡桑德拉还给故事配上了水粉画。

这个令人忍俊不禁的小故事受到全家人的称赞。为此，父亲特意买来笔记本和一张带抽屉的红木小书桌，把它们作为奖励送给了简。

一个梦想在简的心里悄悄萌生了——独立起来，成为一名作家！

清晨，鸟儿还在树丛中啁啾。透过薄薄的雾气，奥斯汀家那栋被藤蔓环绕的朴素房屋显得朦胧而宁静。

年轻的简坐在一张小小的红木桌旁,晨光抚上她的脸。
女孩沉思着,微微皱起了眉头。

忽然，她一把抓起鹅毛笔，在纸上急速地书写起来——"凡是有财产的单身汉，必定需要娶位太太，这已经成了一条举世公认的真理。"

她轻轻地读着自己写下的文字，忍不住莞尔一笑。

她雀跃起来，抑制不住心中的欢快，在钢琴上弹出了一串音符。奥斯汀一家在简的琴声中被吵醒了。

"未来我要成为一名独立的大作家!"简告诉卡桑德拉。

"作家都是男孩子,哪有女孩子成为作家的?"卡桑德拉忍不住哧哧地笑。

"谁说女孩子不能成为作家?只要足够独立,凡事依靠自己的力量,不当依赖别人的寄生虫,梦想就一定会实现,不管是男是女!"简坚定地回答。

但是，在简的时代，女性并不工作。

女孩的首要任务是成为一位淑女，最好的前途就是嫁一位有财产的如意郎君。

女孩们热衷于参加茶会、舞会之类的社交活动。在这些活动中，寻找把自己嫁出去的机会。

简很爱跳舞。舞会上，她舞步轻快，眼神闪亮，在人群里焕发着光彩。

这个时候，年长的母亲们就会在私底下絮絮叨叨，议论哪位绅士有多少家产、哪位女儿该出嫁了……

焦虑的母亲们，热切期待绅士的淑女们，舞会上的流言蜚语……这些都是简最好的写作素材，她默默地观察着、记录着。

没有宏大的题材，也不需要传奇的故事情节，简只想书写自己熟悉的人和事。

后来，简的姐姐卡桑德拉订婚了，朋友们聚在一起祝贺这对恋人。

简·奥斯汀洋洋洒洒地写下了一篇长长的祝福词，神采飞扬地朗读给大家听。

年轻的见习律师汤姆·勒弗罗伊却毫不客气地进行了批评，认为简的文字有些矫揉造作。

自尊心受到了伤害，简生气地把祝福词扔进壁炉里烧了。

从此以后，简再也无法忘记这位见习律师。他很傲慢，但他也很有见地。

简对姐姐抱怨："勒弗罗伊先生太傲慢了，我讨厌他！"

但姐姐却问她："简，你并不了解勒弗罗伊先生，这会不会是你的偏见呢？"

或许是命运的巧合，两位年轻人总是能在不经意间相遇。在交往中，他们慢慢了解彼此。

随着交流的深入，简看到了汤姆的正直善良，汤姆也由衷地仰慕简的独立与才华。他们坠入爱河，互相喜欢上了对方。

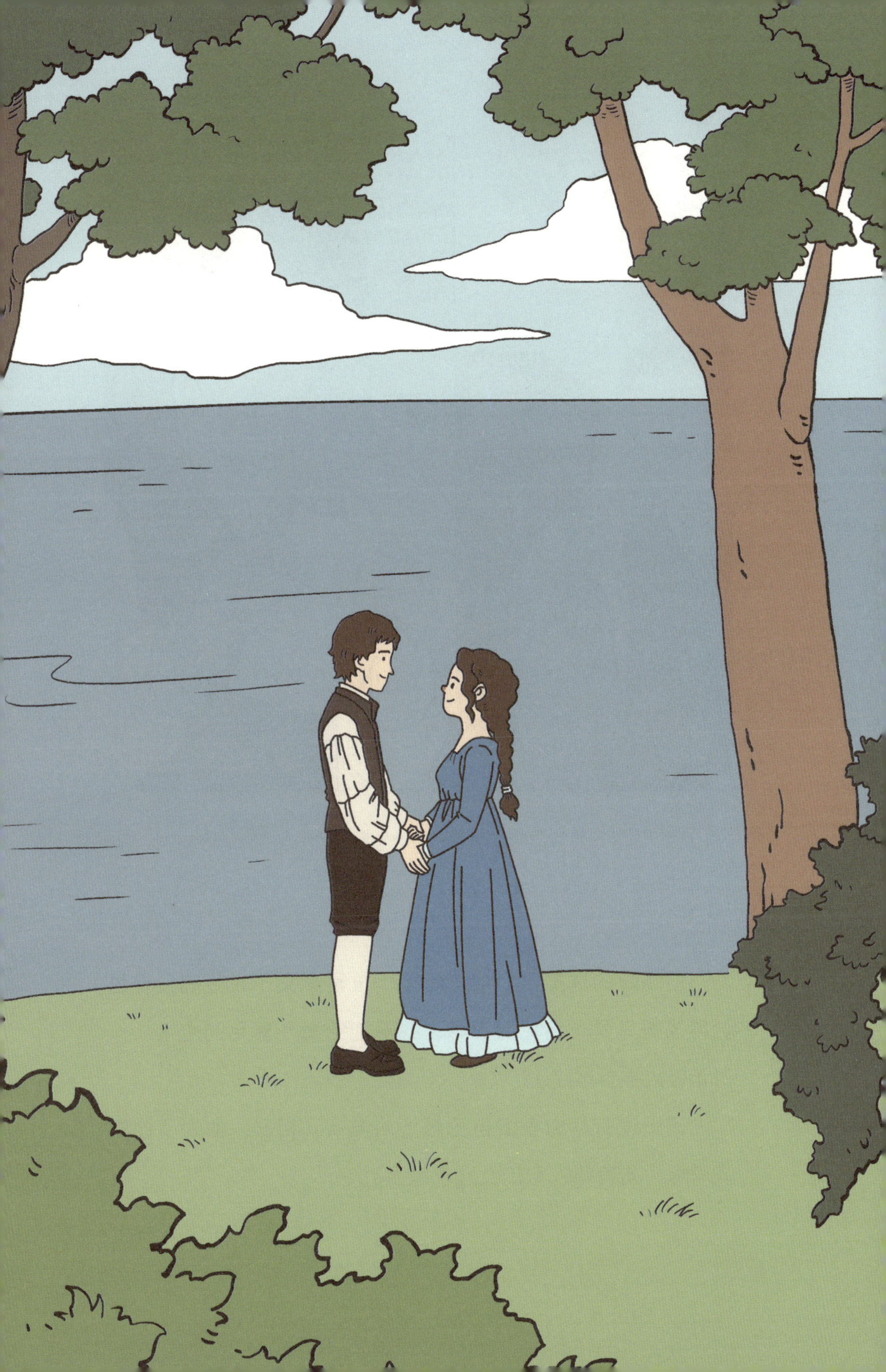

但汤姆的舅舅已为他选定了一位富家女子。简的父母也觉得汤姆只是一名见习律师，并不能给女儿富足的生活。一对年轻人被拆散了。

汤姆没有尽力争取自己想要的爱情。相反，他为了让家人满意，向有钱人家的女儿求婚了。

直至晚年,他才向侄子坦言,曾与一位作家有过一段"少年之爱"。

简在致姐姐卡桑德拉的信中表达了自己的无奈和伤心:"终于,这一天还是到来了,我将与汤姆·勒弗罗伊告别。当你收到这封信时,一切都已经结束。一想到这些,我不禁泪流。"

她决定写一部与此类似,但有着幸福结局的小说。几个月后,她最著名的经典作品《傲慢与偏见》由此诞生了。

在简生活的年代，女孩子把写作当作职业，是一件很丢人的事情，所以简只能偷偷地写作。

简没有一间独属于自己的书房，她就在起居室里写作。

虽然写作的条件非常艰苦，简却从未想过放弃。她在起居室的窗户旁边准备了一张有抽屉的桌子，简每天就在这张桌子上写作。

起居室的门年久失修，每次开门时，总会发出"吱呀"的声音。只要有人进入，那扇门就会吱呀作响。简听见响声，便立刻把稿纸塞进小书桌的抽屉里。等人离开后，她再把书稿拿出来接着写。

写作是她不可泄露的秘密，也是她走向独立的神秘通道。

简在这张桌子上写出了一部又一部的传世之作。后来，这扇门和这张桌子被称为"声响之门"和"神秘之桌"。

简的第一本书一经问世就受到很多人的喜爱。因为不能在作品上写下自己的名字,简就以"一位女士"的名字出版。对此,简一点儿也不在乎,她仍然坚持写作。

简坚持自我,不断书写那些年轻女人的故事——她们具备独立的人格、无畏的勇气,并且对自己的选择永不放弃。

有人说，简的作品内容太单一了，只写绅士与淑女的故事，建议她也写一些与历史有关的小说。简却说："我必须保持自己的风格，继续走自己的路！"

简终身未婚，她认为没有爱情的婚姻是可悲的。如果不是因为爱情而结婚，她宁可终身不嫁。

女人不结婚，在当时的社会简直是一件不可思议的事情，但她却有着一颗强大的心。这是简的独立，也是她的勇敢。

简将全部的感情投入写作，陆续创作了《理智与情感》《曼斯菲尔德庄园》《爱玛》《诺桑觉寺》《劝导》等多部小说，被誉为"可与莎士比亚平起平坐"的作家。

简的小说至今仍在全世界畅销,这些故事也被不断拍成电影、电视剧。

英国著名女作家伍尔夫这样称赞简的作品:"没有仇恨,没有痛苦,没有恐惧,没有抗议,没有说教,这是勇敢的写作!"很多年以后,人们仍然能从她的作品中感受到女性的独立与勇敢。

自信勇敢的简·奥斯汀，光彩照人，充满魅力。在女性除了婚姻出路甚少的年代，她坚持写作，凭借出众的才华立于人世间，而不是依附于财产丰厚的丈夫。因此，她才能对自己的思想拥有绝对的主权，才能在男女地位极不平等的时代拥有与男人相同的自由。独立，是简·奥斯汀最浓墨重彩的生命底色。

坚韧

在苦难中绽放坚韧的生命之花
弗里达·卡罗

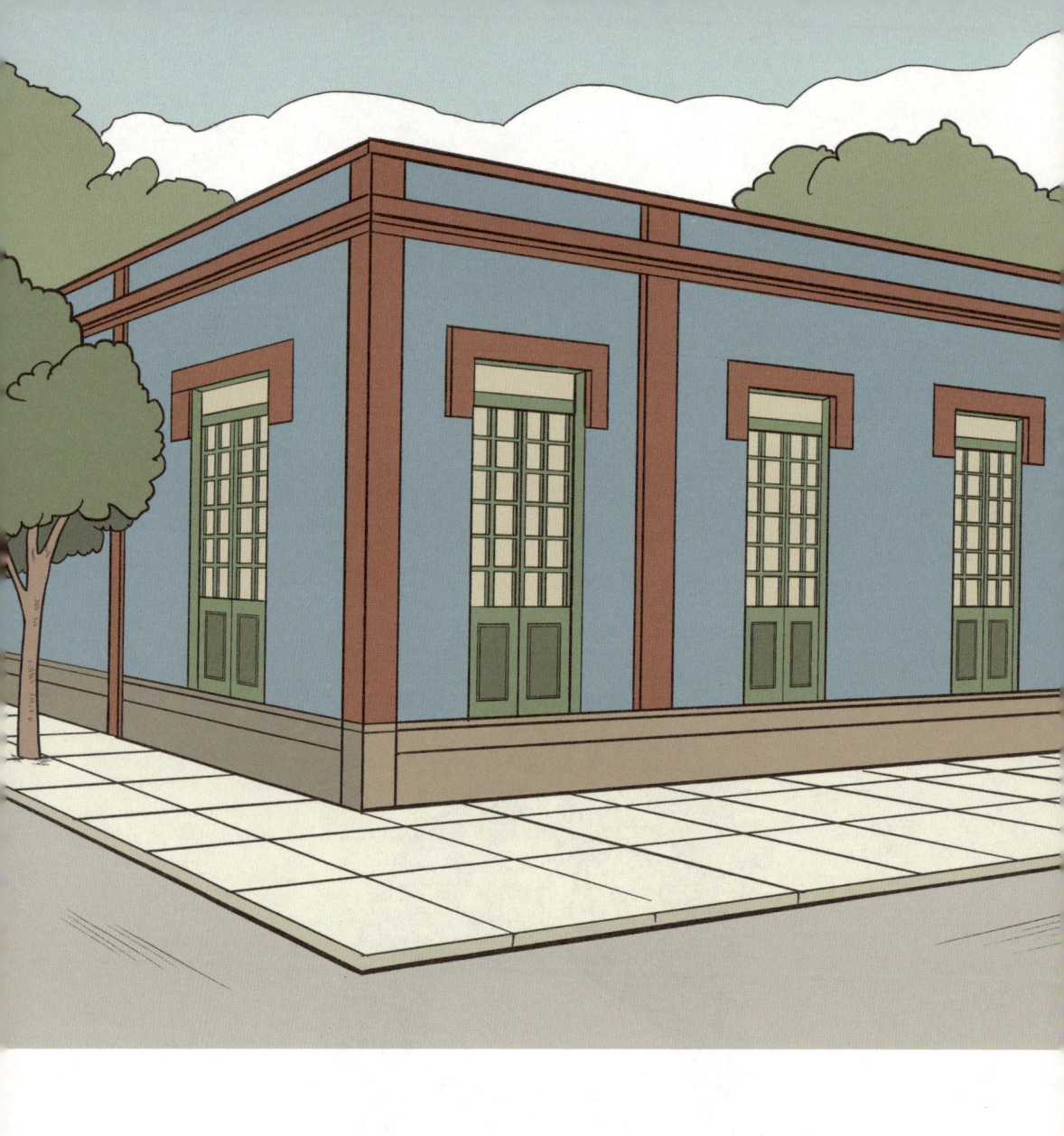

在墨西哥城，有这样一栋蓝房子，它的外墙是大海一样的蔚蓝色。

画家弗里达·卡罗曾生活在这里。

1907年，弗里达在这座房子里降生。作为家里的第三个孩子，美丽健康的她深受父母喜爱。

　　弗里达的童年过得很快乐，家里人对她非常宠爱。父亲是位摄影师，亲手为活泼可爱的弗里达拍摄了许多照片。她就像一只无忧无虑的小鸟，每天都很开心。

但在 6 岁的时候，年幼的弗里达患上了小儿麻痹症。

疾病让她的肌肉受损，右腿变得越来越细。

她再也不能平稳地走路了，变得一瘸一拐，邻居的孩子经常嘲笑她是"瘸腿弗里达"。

这一切就像是一场噩梦。她变得自卑起来，从前像小鸟一样快乐的女孩，仿佛被疾病捆住了翅膀。

父亲很心疼她,带她去爬树、跳高、骑自行车,希望她可以继续像以前那样自信地生活。

"弗里达,你要做一个坚韧勇敢的人!"父亲一直鼓励她。

家人的关爱给了弗里达自信和勇气。

"我能行!"倔强的弗里达告诉自己,"虽然我的身体有缺陷,但我一点也不比别人差。"

弗里达坦然接受了自己的不完美。在给朋友写信时,她偶尔还会在信后落款"你的朋友,瘸腿弗里达"。

弗里达变得不再自卑了，并开始努力学习、认真生活。

15 岁的时候，弗里达如愿考进了全国最好的预备学校。全校 2000 名学生中，只有 35 个女生，弗里达就是其中一个。

弗里达选择学医，希望成为一名救死扶伤的医生。

或许是遗传了父亲的艺术天赋，弗里达的医学解剖图画得特别好。在学校里，她是一个非常坚韧开朗的女孩，喜欢参加各种活动，也结交了很多朋友。老师们欣赏她，同学们喜爱她，弗里达的生活充满了阳光。

谁也没想到，一场巨大的悲剧即将降临。

这一天是墨西哥独立日，弗里达和朋友一起坐上了一辆公交车，开开心心地准备去玩。突然，一辆电车撞上了他们乘坐的公交车。弗里达被送进了医院。

没有人相信弗里达能活下来，因为她受的伤实在是太严重了。颈椎碎裂、脊柱断成了三段、右腿粉碎性骨折、一只脚被压碎——弗里达的身体没有一处是完整的。

她全身都被打上了石膏，躺在病床上，一动也不能动。医生几乎失去了信心。
　　但是家人没有放弃她，一直守在她身边，呼唤她早日醒来。弗里达经历了一场又一场的手术，终于活了下来。

她就像一个碎了的洋娃娃,正在被一块一块重新拼好。

这场车祸给弗里达带来了致命的创伤——她的整根脊椎被折断了,右腿几乎全部骨折。医生说她将终身瘫痪,永远站不起来了。

弗里达非常痛苦。这场车祸改变了她的生活。她一生都要与刻骨铭心的痛苦为伴。这一年,她只有18岁。

弗里达天天躺在床上,看着天花板。只有双手可以活动,她就用笔在束缚着自己身体的石膏上涂鸦。

她画了许多蝴蝶。

她多么希望能像蝴蝶一样破茧而出！

看着病床上可怜的弗里达，父亲心疼极了，于是他开始鼓励弗里达作画。

父亲把画笔和颜料带到了病房。母亲还为她定制了一个很大的画架，并把画架固定在床上，又支起一面镜子，弗里达就这样躺在病床上开始了绘画。

在孤独和无助中，弗里达拿起了画笔。因为躺在床上，她无法画外面的东西。于是，她选择画自画像。

对着镜子，弗里达画下了许多个自己——浓眉、唇上有淡淡的胡须、伤口、鲜血、支离破碎的身体，以及一双神情坚定的眼睛。

这些画像仿佛在诉说：这是真实的我，在面对着残酷的人生！就这样，她开启了自己的艺术道路。这个时期她的画几乎都是自画像。

因为画画，弗里达慢慢恢复了对生活的信心。她想做一件挑战自己的事情——重新站起来！

在漫长的治疗和艰辛的康复训练中，她忍着剧痛，用伤痕累累的双腿迈出了第一步。

刚开始，她就像一个小婴儿刚学走路时一样，摇摇晃晃、东倒西歪，经常走着走着就摔倒在地。可是，坚韧的她没有放弃，每天都咬着牙、忍着痛坚持练习。

几个月后,弗里达终于可以重新站起来了。

虽然身体给她带来了无穷无尽的痛苦与折磨,但是,这个被医生预言将终身瘫痪的女孩,此时此刻用自己的双腿重新站了起来。

弗里达创造了奇迹!

她就像一只浴火重生的凤凰。大家都说:"这是一个坚韧不拔、不会被苦难打倒的好孩子!"

弗里达的绘画打动了墨西哥著名的壁画大师迭戈·里维拉。他们相知相爱，1929年弗里达嫁给了迭戈。

艺术家的生活充满激情。他们的身边围绕着朋友，经常聚会跳舞、讨论艺术。

虽然身体的疼痛从未离开过弗里达，但她依然热爱生活。

结婚以后，弗里达仍然在坚持创作，她需要在画中抒发自己对生命的感悟。

可是，命运再一次给予她新的痛苦。

迭戈·里维拉背叛了她，摧毁了他们的婚姻。弗里达后来说："我一生经历了两次意外的致命打击，一次是撞倒我的街车，一次就是遇到里维拉。"

身体和心灵都在流血，只有绘画才能治愈弗里达。

她的身体越来越差，疼痛每时每刻都在折磨着她，但她依旧坚持画画。

因为疾病和劳累,她受伤的脊椎慢慢开裂,只有躺在床上时,才不会那么痛。后来,她的右脚开始腐烂,医生不得不截掉了她的脚指头。

那个时候,她形容自己的身体断了又接、接了又断,像是"打乱了的拼图游戏"。

即使这样,她也没有停下创作的脚步。

弗里达请求医生给她定制了由皮革、铁丝和石膏制成的衣服，她通过穿这样的衣服来支撑自己的身体。她每天强撑着坐起来画画，实在坚持不住了，就躺下休息一会儿。

在巨大的痛苦中，她给自己画了一幅自画像——《破裂的脊柱》。在画里，弗里达裸露出的脊椎是一根闪着寒光的钢管，身体用支架撑住，身上有无数的钢钉。这些伤口，展现了她支离破碎却坚韧不屈的人生。

弗里达的一生经历了 30 多次手术。她把这些苦难倾泻在绘画中，从没有人像弗里达那样坚韧，她在苦难中绽放出生命之花。

1953 年，朋友们为弗里达举办了第一次画展，但此时的她已经无法站立了。

画展举办的时候，弗里达的身体状况已经非常糟糕，出行只能依靠担架。医生一直劝她不要前往画展现场。但她还是躺在担架上，被热爱她的人们抬进了展厅。

看见这一幕，在场的人们忍不住流下了热泪。那些参加弗里达画展的人，都被她画中展现出的痛苦和坚韧深深地震撼了。

很快，她的画就被带到世界各国展览。

画展结束后不久，47岁的弗里达就离开了这个世界，结束了她传奇的一生。

弗里达的一生是坚韧的。苦难没有击倒她，反而将她的才华都激发了出来。她给世界留下了150余幅画作，让世界艺术殿堂更加丰富多彩。

在她的最后一幅画作上，弗里达写下了"生活万岁"。虽然命运带给她无尽的苦难，但她始终拥有一颗坚韧的心，永远不向命运屈服，用残破的身体勾勒出惊艳全世界的画作。

自强

用自强的翅膀穿越无声的黑暗
海伦·凯勒

和其他小朋友一样，海伦·凯勒小时候对这个世界充满了好奇。她喜欢爸爸妈妈抱她出门，一起欣赏湛蓝的天空、缤纷的花园，聆听鸟儿的啼鸣、小狗的叫声。她喜欢外面的房子、车子、树叶、花朵……怎么都看不够。

海伦很聪明，6个月的时候就已经会说"茶""水""你好"。

在1岁多的时候，海伦生了一场大病，连续几天的高烧使她昏迷不醒，爸爸妈妈焦急地守在她身边。

"高烧退了，孩子已经度过了危险期。"病房里，医生对着海伦的父母说道，"但是，她瞎了，也聋了。"医生垂下头颅，声音里充满了无奈和歉疚。

从这个时候开始，小海伦的生命中就再也没有了声音和颜色。她从此便生活在一个黑暗、寂静的世界里。

没有光,没有色彩,也没有一点儿声响。

一切都变了。

手成了海伦的眼睛，肢体动作变成了海伦的话语。

可是，无论海伦做出怎样的动作，却都再也唤不来小狗了。

爸爸妈妈仍然很疼爱海伦。他们经常带着她去花园里晒太阳。虽然海伦已经逐渐习惯了黑暗无声的生活，但她的皮肤还能感受到阳光的温暖，她的鼻子还能闻到花朵和树木的气息。有阳光和温暖，就代表还有希望。

是的，希望正在赶来的路上。

在海伦 7 岁的时候，爸爸妈妈为她请了一位老师——安妮·莎莉文老师——海伦一生中最重要的人。

海伦永远记得和莎莉文老师初见的那天。海伦站在大门口，静静地等待，她感到一件不寻常的事情就要发生。

午后的阳光落在海伦的脸上，她察觉到脚步的震动——有人来了！海伦以为是妈妈，就向她伸出了手臂。

如阳光一般温暖，海伦被安妮·莎莉文拥进了怀里。

莎莉文是老师，是来教海伦认识这个世界的，更是来爱她的。

老师送给海伦一个玩具娃娃，并在她的手心里拼写了一个单词：d-o-l-l——doll，意思是娃娃。海伦喜欢这样的手指游戏，她忍不住模仿起来，很快就记住了"娃娃"的拼写方法。海伦感到快乐和骄傲。

可是，学习对一个看不见又听不见的人来说，实在是太难了！她并不知道，拼写出的单词和她抱着的娃娃有什么关系。很快，海伦就对学习感到了厌倦。

她变得很急躁，有时候就像一个小野人。

一天上午，莎莉文老师教海伦认识"杯子"和"水"这两个单词。

海伦分不清这两个单词的区别，她心烦意乱，变得很不耐烦。为了发泄心中的不满，她抓起洋娃娃就往地上摔。

看到海伦闹情绪，莎莉文老师并没有生气，她轻轻地牵住海伦的手，把海伦带到了一个水龙头旁边。

　　老师把她的手放在水龙头下面。清凉的水流过海伦的手心，顺着指缝淌下。

　　莎莉文老师在海伦的另一只手心里不停地拼写着 w-a-t-e-r（水）。海伦一手触摸着水，一手感受着老师的拼写。一遍又一遍，她终于学会了写"水"这个单词。

　　海伦静静地站着，她感觉到了水的奇妙。

就像一道光照进海伦的心里,她明白了流过她手指的"水"和老师在她手心里拼写的单词之间的关系——万物皆有名字,世界清晰了!

知识给海伦黑暗的世界带来了光明、希望和欢乐。

灯、桌子、面包、盘子……海伦如饥似渴地学着每一件她能触摸到的事物的拼写方法。

很快她就会在莎莉文老师的手心里写字了,她写下了"老师"这个词。

可是摸不到的东西呢?

莎莉文老师在海伦的手心里写下了"love"(爱)。海伦很疑惑:"这是什么?可以拿来让我摸摸吗?"

后来，海伦渐渐明白——世界上有些东西看不见，也无法触摸，要用心去感受。

"爸爸、妈妈、莎莉文老师为我所做的一切都是爱。爱触摸不到，但它无时无刻不在我身边。"海伦告诉自己，"黑暗、寂静，我不怕你们了，我也不再孤单了。"

海伦每天都在进步,她还学会了用盲文阅读。《一千零一夜》《鲁滨逊漂流记》《小妇人》……这个自强的小女孩以惊人的速度阅读了一本又一本的书。

海伦虽然眼睛看不见、耳朵听不到，但是她的声带是完好的。只是因为不能听到声音，她没办法模仿发声，所以就一直不会说话。

"我想学会说话！"自强不息的海伦又一次向自己挑战。

家人担心她学不会，会受到更大的打击。

莎莉文老师却很支持她。她带着海伦来到一家语言障碍学校。学校的富勒老师听说了海伦的事情后，愿意亲自教导海伦。

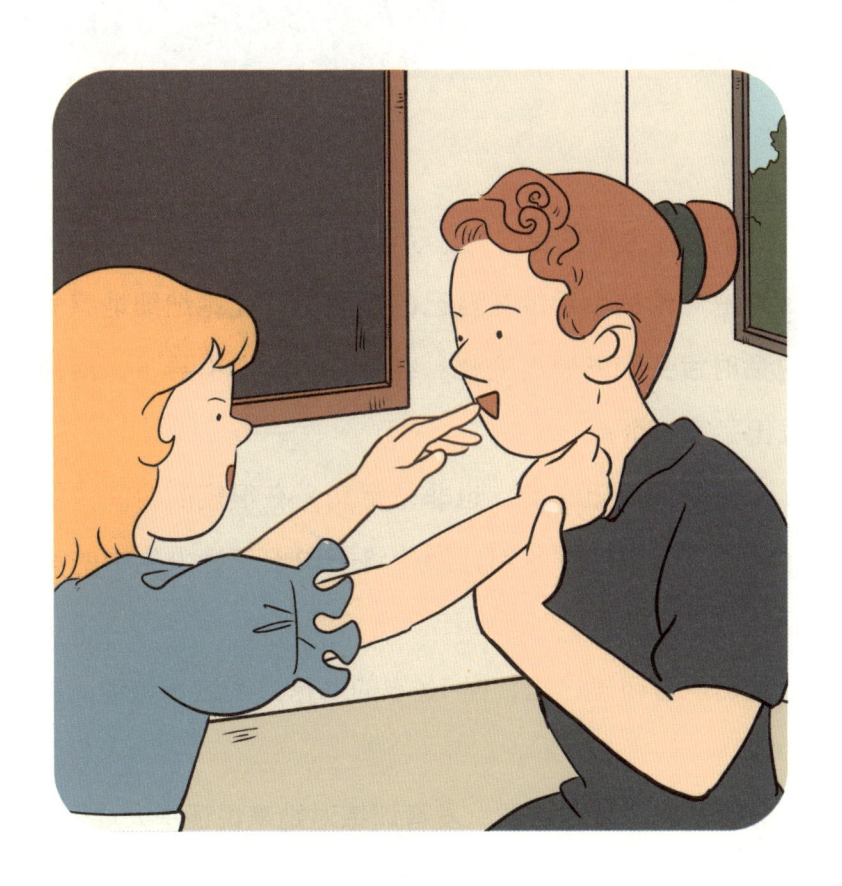

富勒老师为海伦专门制订了学习计划。

她把海伦的小手放在自己的嘴唇上，让她细细地感受自己说话时舌头和嘴唇的变化。在老师的耐心引导下，海伦终于发出了第一个音节。

海伦非常渴望学习，也非常用功，在很短的时间内就完成了课程。几周的课程后，海伦终于说出了她人生中的第一句话："这是温暖！"

虽然声音磕磕巴巴，但10岁的海伦为了这一句话，费尽了心血。

之后的学习并不顺利，发音训练对她来说还是太难了！

每一个音，她都需要训练几个小时才能掌握。很多时候，她发出一百个声音，别人却只能听懂两三个。尽管很艰难，海伦却从没想过放弃。海伦相信，每个人都潜力无限，只要你自强不息、勇往直前。

她充满斗志，越练越好，终于完成了富勒老师的全部课程。

海伦和莎莉文老师坐车回到家乡的时候，全家人去车站迎接她。她走下车，走向妈妈，开口叫了一声："妈妈！"她的妈妈忍不住泪流满面。

学会写字和说话之后,海伦又有了新的心愿——像其他人一样进入大学学习。对听不见也看不见的人来说,这几乎是一件不可能完成的事情,但海伦坚信自己可以做到,并为此开始努力。

爸爸把她送到了剑桥女子中学,她要在这里读三年书。

上中学，又是困难重重。

其中最麻烦的就是学数学。上数学课，需要用到尺子等工具，海伦从未见过尺子，完全无法使用。

但她并没有因为困难而退却，而是想尽各种办法来解决这些困难。她用铁丝做成图形，排在橡皮垫上，一步一步地了解解题步骤。

海伦的每一堂课，都比别人艰辛十几倍。

困难一个接着一个,但总有解决的办法。

海伦遭遇的挫折和失败难以计数,但她从不退却,而是以数十倍、数百倍的努力去征服困难。在付出了巨大的努力之后,她成功地考入了一心向往的哈佛大学拉德克利夫学院。

大学的很多课本都没有盲文。于是,莎莉文老师在海伦手心里,把书上的内容一点一点地拼写出来。

海伦几乎把所有的时间都用在了学习上，每天只睡三四个小时。通过自己的不懈努力，海伦不仅完成了大学的学业，还掌握了五种语言：英语、法语、德语、拉丁语和希腊语。

自强不息的海伦没有向命运低头，她虽然看不见，但她的心里却装着广阔的天地；她虽然听不到，却让全世界都听到了自己的声音。

后来，海伦开始从事慈善工作，帮助残障人士争取受教育和参加工作的权利。她写了十多本书，游历了很多个国家，成了一名受人尊敬的作家和社会活动家。

海伦·凯勒，一位传奇的女性——她生活在无声的黑暗中，却给人类带来了光明；她走过88个春秋，却忍受了87年黑暗、无声的孤独岁月。

正是这么一个幽闭在绝境里的人，却用生命的全部力量到处奔走，建起了一家家慈善机构，为残疾人造福。海伦·凯勒创造这一奇迹，全靠一颗自强不息的心。

世界以痛吻她，海伦却用爱心去拥抱世界，将自强化作翅膀，带领自己穿越生命的困境。最终，她在黑暗中找到了光明，并把慈爱的双手伸向全世界。

优雅

一生优雅的时尚女王
嘉柏丽尔·香奈儿

香奈儿是世界知名的服装品牌。它的创始人嘉柏丽尔·香奈儿女士，是一位优雅的时尚女王。

1883年8月，香奈儿降生在法国南部小镇的一家济贫院。母亲是一位头脑单纯的农家姑娘，父亲是一个没有责任感的浪子。"我出生在旅途中，我的父亲当时不在。"香奈儿曾经这样说。

童年是香奈儿不愿回望的痛。在家庭中，父亲一直缺席，香奈儿从小与母亲相依为命。贫穷和疾病就像散不去的阴云，时刻笼罩着这对母女。母亲缠绵病榻，白色的手绢上沾染着咳出的鲜血。

忍受着世人的冷眼,年幼的香奈儿感到不安和恐惧。

母亲离世后,父亲终于出现了。但他并没有将香奈儿留在身边,而是把她送进了一所修道院办的孤儿院。

从此,父亲又消失了,再也没有出现在香奈儿的生活中。

在孤儿院的高墙里,香奈儿度过了一个又一个灰暗、孤独的日子。

修道院有数不完的清规戒律。

女孩子们不能大笑、不能奔跑,连讲话都要轻声细语。

在那里，香奈儿要帮助修女干活。她做得最多的就是洗衣物、晒衣物。洗衣时，修女们会在水中加入鸢尾根与茉莉花，这使衣物散发出淡淡的香味。

空旷的院子里，香奈儿一件又一件地晾晒着床单和袍子，满眼都是单调的白色和黑色。

微风中，衣物散发出碱性肥皂的味道，以及一丝若有若无的植物香气。小小的香奈儿感受到深深的孤独。

有时，她会走进修道院的祈祷室，静静地坐在冰冷的椅子上，看着光线穿过教堂窗户的彩绘玻璃，折射变幻出形状各异的花纹。这让她感到着迷。

最重要的是，香奈儿跟随修女学会了裁缝技艺。

在这里，香奈儿最喜欢做的手工活计就是缝纫。她学会了许多复杂的缝纫技巧，包括使用锁边针、回针、倒钩针、三角针、套结针……

香奈儿在自己的白色睡袍上绣了一朵小小的紫藤花，还在裙摆处加上荷叶边作为装饰。

虽然生活没有给予香奈儿蜜糖和鲜花，但她却为自己创造出了优雅和美好。

在修道院经历的孤独和苦难，日后都成了香奈儿的设计灵感。修道院窗玻璃上相互交织的弧线和圆环，和后来香奈儿标志性的双C图案惊人地相似；香奈儿N°5香水，也有着和修道院洗衣坊相似的味道，"强烈得像一记耳光一样令你难忘"。

长大以后，香奈儿终于离开了孤儿院。她在一家女装店找到了工作。年轻的女孩对生活充满了向往。

白天，香奈儿辛勤地工作；夜晚，她还在一家咖啡馆驻唱。

她穿着自己设计的裙子，用甜美的歌喉进行演唱，整个人散发出优雅动人的气息。人们亲切地称呼她为"可可小姐"。谁也不曾想到，这个名字将会成为时尚界未来的优雅代名词。

香奈儿的生活慢慢好了起来。

更令她感到幸福的是,她结识了亚瑟·卡柏先生。他见多识广、才华出众,是一位风度翩翩的绅士。

香奈儿热爱工作和创造。虽然卡柏先生可以给予她衣食无忧的生活,但这个年轻的姑娘更愿意自己养活自己。

她有着独特的审美眼光，总能为顾客挑选出最适合她们的服装。香奈儿发现，来买衣服的女士都很喜欢戴帽子。

　　但是，当时流行的帽子是别在头上的，戴上以后很不牢固，一不小心就会掉下来。香奈儿想，可不可以设计一种戴起来很方便的帽子呢？

经过不断剪裁和缝制,她设计出了一种又宽大又简洁的帽子。她戴着这种帽子来到了服装店里,来买衣服的客人都被她的帽子吸引了,夸奖它好看,甚至还想定做和购买。

于是,香奈儿在巴黎租下了一个租金便宜的小店面,开了一家帽子店。为了节约成本,香奈儿从百货商场低价购买了一些过时的帽子。

她拆掉帽子上烦琐的蕾丝花朵和羽毛装饰，只是简单地缝上一条缎带。有的帽子甚至什么装饰都没有。

戴上香奈儿设计的帽子，走路时缎带会随着脚步灵动地飘逸，非常轻盈、优雅。一时间，巴黎的时尚女性个个都想要一顶香奈儿帽子。

香奈儿设计的帽子很快就在巴黎流行起来了，来买帽子的人每天都排起了长队。

香奈儿终于有钱去开一家更大的店了！只做帽子并不能满足香奈儿，她还想设计出更好看、更优雅的服装。

从一顶帽子开始，香奈儿就已经展现出了她超前的设计理念——她想让女性的身体回归优雅和自由。

当时的女性，大多数都穿着长裙，留着长发，用花哨的羽毛做装饰。她们被禁锢在华丽的裙装里，行动很不方便，有时甚至还会因为腰部勒得太紧而晕厥。

于是，香奈儿设计出美观大方、行动方便的长裤，让女人在爬楼梯的时候，不需要再用手去提着裙子了。

她相信，服装的优雅在于行动的自由。

香奈儿还通过借鉴男装内衣的针织面料，别出心裁地设计出了一款女士针织套裙。柔软舒展的针织材质，完美地解放了女性的双臂和双腿。她又设计出了套头衫，把腰身扎起来，配上小西装，潇洒极了。

人们不但喜欢她设计的时装，还喜欢她坦率自由的个性。

有一次，香奈儿在给壁炉加柴的时候，炉子突然炸了，把她的头发烧掉了一块。香奈儿马上拿起剪刀，把剩下的头发剪成了短发。在那个年代，很少有女人会剪短发。

她顶着齐耳的短发，身着海军条纹衫改成的上衣，搭配舒适的阔腿长裤，自信优雅地徜徉在巴黎街头。

当时的人们都惊呆了！很快，巴黎街道上的短发女人越来越多，"波波头"就这样流行开来……

当时的欧洲正在发生巨变，追求个性解放的新时代正在到来。香奈儿感知到了这种变化，在时尚界不断掀起推陈出新的浪潮。但是，香奈儿的生活却传来了噩耗——她的恋人卡柏在车祸中丧生了。

为了纪念爱人，香奈儿设计了一款小黑裙。普通的圆领没有任何花边装饰，裙身只在腰间做了收束，简约优雅，却又透露着无声的力量。

黑色曾经是丧服的颜色，人们不会日常穿着。

可是，香奈儿的小黑裙却赋予了黑色崭新的意义——优雅、高贵、理性、坚强……这条简洁优雅的小黑裙，从此成了时尚界的经典。

凭借"小黑裙"，她征服了全世界！

香奈儿设计的衣服，颜色总是很单纯。她就像一个魔法师，能将黑色和白色这两种世界上最简单的颜色，通过服装款式，变得不同凡响。

一生优雅的香奈儿热爱时装、热爱工作。她终身未婚，一直居住在自己的工作室里，几十年都没有搬出去过。在她出名以后，她依然花最多的时间在工作上。

后来，战争爆发，香奈儿关闭了自己的服装店。战争结束，又过了几年，她已经 70 岁了。当她回到巴黎，人们并不期望昔日的优雅女王还能继续工作。

可是，出乎所有人的预料，香奈儿召开了新的时装发布会。优雅的套装、串珠项链……她再次征服了渴望美丽的人们。

从一个被抛弃的孤女到优雅的时尚女王,嘉柏丽尔·香奈儿的一生,一直都在以自己选择的方式生活。

她倡导女性行动自由，追求优雅独立。她设计的服装化繁为简，打造了永恒的魅力。她使越来越多的人相信：流行稍纵即逝，但优雅永不过时。

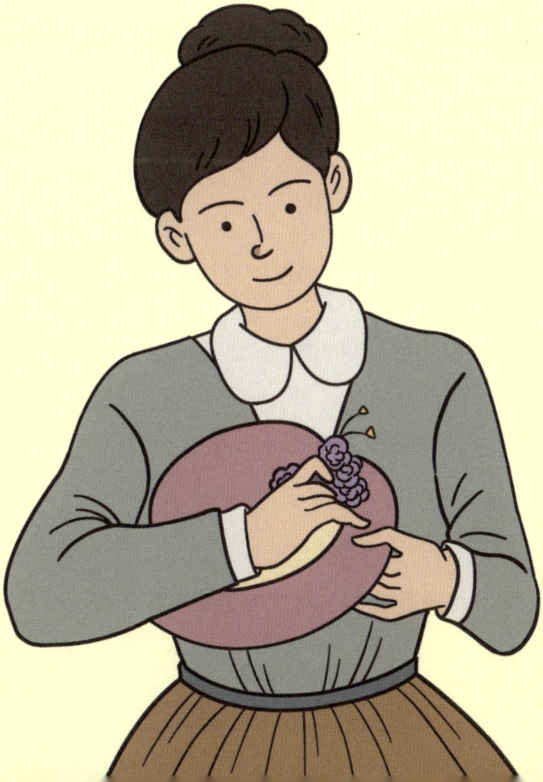

图书在版编目（CIP）数据

因为你是一个很棒的女孩 / 韩梅梅编著 . -- 北京：中国友谊出版公司，2024.8（2025.7重印）
ISBN 978-7-5057-5839-1

Ⅰ．①因… Ⅱ．①韩… Ⅲ．①女性－名人－生平事迹－世界－儿童读物 Ⅳ．① K811-49

中国国家版本馆 CIP 数据核字 (2024) 第 049689 号

书名	因为你是一个很棒的女孩
作者	韩梅梅 编著
出版	中国友谊出版公司
发行	中国友谊出版公司
经销	新华书店
印刷	天津海顺印业包装有限公司
规格	710 毫米 ×1000 毫米　16 开 10.75 印张　18 千字
版次	2024 年 8 月第 1 版
印次	2025 年 7 月第 10 次印刷
书号	ISBN 978-7-5057-5839-1
定价	42.00 元
地址	北京市朝阳区西坝河南里 17 号楼
邮编	100028
电话	（010）64678009

如发现图书质量问题，可联系调换。质量投诉电话：010-82069336